독일어 모의고사

Modelltest für telc Deutsch A2

독독독
독일어 모의고사 telc Deutsch A2

초판 1쇄 발행 | 2022년 9월 21일
지은이 | Maria Loiztenbauer, Samuel Trippler

감수 | 이윤복
디자인 | 백현지

발행인 | 안희철
펴낸곳 | 노이지콘텐츠(주)
출판등록 | 2014년 1월 17일 (등록번호 301-2014-015)
주소 | 서울특별시 마포구 동교로23길 32-15
전화 | 02-775-0582
팩스 | 02-733-0582
이메일 | info@noisycontents.com

www.dasdeutsch.com

ISBN 979-11-6614-614-5 (13750)

* 본 책은 저작권법에 의해 보호를 받는 저작물이므로 무단 전재와 복제를 금합니다.
* 잘못된 책은 구입처에서 교환하여 드립니다.

차례

머리말 ... 5

응시 전에
시험 안내 ... 6
영역별 안내 ... 8

Modelltests
Modelltest 1 ... 25
Modelltest 2 ... 45
Modelltest 3 ... 65

정답
Modelltest 1 ... 86
Modelltest 2 ... 90
Modelltest 3 ... 94

*교재에 수록된 지문의 내용은 허구이며, 실제 사실과는 다를 수 있습니다.

머리말

<독독독 독일어 모의고사 telc Deutsch A2>를 보고 계신 여러분은 이미 A2 공부를 마치고, 이제 A2 단계를 마무리 짓고 싶을 것입니다. 그리고 마무리하는 과정으로 A2 어학 자격증을 취득하거나, 아니면 자신이 A2에서 필요한 내용을 잘 학습하였는지 확인해 보고 싶은 분도 있을 것입니다.

본 교재는 위와 같은 학습자를 대상으로 telc Deutsch A2의 실제 시험 유형을 익히고 준비하는 데 도움을 주고자 제작되었습니다. 여러분은 이 교재를 시험 직전에 유형을 파악하는 용도로 사용할 수도 있고, 혹은 시험에 응시하지 않더라도 자신의 실력이 어느 정도인지 확인하는 용도로 사용할 수도 있습니다.

위와 같은 목적에 충실한 교재를 만들기 위해, 전반적인 시험 안내와 모의고사 3회라는 간결한 구성으로 교재를 제작하였습니다. 덕분에 분량은 부담 없지만, 그만큼 더 목표에 집중한, 깊이 있는 교재를 제작할 수 있었습니다. 군더더기 없이 꼭 필요한 내용을 원하는 학습자에게 맞춤 교재가 될 것입니다.

교재 구성 및 중요 안내

본 교재는 크게 세 부분으로 나뉩니다. 첫 번째 부분인 **응시 전에**는 전반적인 telc Deutsch A2 시험 안내를 실었고, **Modelltests**에는 실제 시험 유형에 맞는 모의고사 3회분을, 마지막에는 **정답**을 실었습니다.

- **응시 전에**는 시험 소개, 응시 원서 접수 방법, 응시 요건 등 사전에 알아야 할 사항을 앞에 밝혔습니다. 이어서 시험 진행 순서와 방식 등 telc Deutsch A2 시험이 어떻게 진행되고 문제 유형이 어떠한지 상세히 설명하여 실제 시험을 볼 때 도움이 될 수 있도록 하였습니다.

- **Modelltests**에는 시험을 보는 감각과 경험을 최대한 재현할 수 있도록 문제를 배치하고 출제하였으니, 이 점을 충분히 활용하여 실제 시험을 보듯이 시간을 맞춰서 모의고사를 풀어 보시기 바랍니다. 모의고사에 실은 문제는 A2 수준에 맞는 내용과 시험 출제 의도를 충분히 반영하여 시험 준비에 실질적으로 도움이 될 수 있도록 연구한 결과입니다.

- **중요! 듣기 시험 음성**은 Hören 시험 첫 장에 있는 QR 코드에 연동된 주소에서 들을 수 있습니다. 듣기 음성 파일은 하나의 모의고사당 1개의 파일로 만들어져 있으며, 해당 음성 파일은 실제 시험시간을 고려하여 음성 시작부터 끝 부분까지 실제 시험시간 내 정답 작성 시간이 포함되도록 제작되었습니다. 듣기 시험 시작 직전 파일을 재생하시고 파일 재생이 끝나기 전 반드시 모든 Teil의 정답체크를 완료해야 합니다. 듣기 시험 Teil 간 아무 음성이 들리지 않는 재생 시간 안에 해당 Teil 정답을 체크해야 합니다.

- **정답**에는 듣기, 읽기 시험 정답과 쓰기, 말하기 시험 예시 정답을 실었습니다. 여기에 더해 좀 더 깊이 학습하고 싶은 분을 위해 각 Modelltest 정답에 정답 해설과 듣기 지문을 내려받을 수 있는 QR 코드를 함께 제공해 드립니다.

이제 준비되셨나요?

Wir wünschen Ihnen viel Erfolg und Spaß mit den Übungsprüfungen und drücken Ihnen die Daumen für die Zertifikatsprüfung.

Toi toi toi!

시험 안내

telc?

telc는 The European Language Certificates의 약자로 CEFR(유럽 언어 공통 기준)에 따라 외국어 능력을 평가하는 어학 시험입니다. telc 어학 자격증은 국제적으로 인정받고 실시되는 공인 어학 자격증으로, 한국을 포함한 25개국 3000여 개 이상 기관에서 응시할 수 있습니다.

그 가운데 본 교재가 다루는 telc Deutsch A2(Start Deutsch 2)는 유럽 언어 공통 기준에 따라 telc gGmbH와 Goethe-Institut가 합작하여 만든 독일어 능력 인증 시험입니다.

원서 접수

- telc 시험은 telc gGmbH와 협약을 맺은 Prüfungszentren에서 응시할 수 있습니다.
- 각 Prüfungszentrum의 위치와 연락처 등은 telc 홈페이지의 'Prüfungszentrum finden' 항목에서 검색할 수 있습니다.
- 각 단계 시험 시행 여부와 원서 접수 방식/기간은 시행 기관별로 상이합니다.

준비물

- 신분증
- 연필 또는 샤프 펜슬(B2 권장), 지우개
- 사전, 전화기, 기타 전자 기기 등은 사용할 수 없습니다.

응시 대상

- 간단한 수준인 독일어 실력을 증명하려는 사람
- A2 단계 수료를 증명하려는 사람
- 세계적으로 인증받을 수 있는 공식 증명서를 원하는 사람

✅ 구성

| 듣기 | 약 20분 |

전화 메시지, 라디오 방송, 일상 대화 등을 듣고 문제를 풉니다.

| 읽기와 쓰기 | 50분 |

읽기에서는 안내판, 짤막한 신문 기사, 이메일, 광고 등을 읽고 문제를 풀고, 쓰기에서는 양식을 채우고, 일상 생활과 관련된 글을 작성합니다.

| 말하기 | 약 15분 |

자기소개하고, 대화 상대와 일상 대화와 관련한 문답을 하고, 함께 약속을 잡거나 계획을 짭니다.

✅ 응시 요건

- telc Deutsch A2는 연령에 관계 없이 대략 250-300 수업 단위(단위당 45분)를 이수한 사람을 위한 시험입니다.
- telc Deutsch A2는 유럽 언어 공통 기준의 두 번째 능력 단계(A2) 언어 능력을 요구하는 시험입니다.

✅ 합격증이 인증하는 독일어 능력

- 일상 생활에서 쓰는 문장과 표현을 이해하고 사용할 수 있습니다.
- 익숙하고 반복되는 주제와 관련이 있는 정보를 교환하는 상황에서 간단한 방법으로 의사소통할 수 있습니다.
- 간단한 방법으로 자신과 직접 연관이 있는 사항을 표현할 수 있습니다.

✅ 성적 확인과 합격증 수령

- 시험 결과는 통상 6주 정도 뒤에 통보됩니다.
- 합격증 수령 방식은 시행 기관별로 상이합니다.

영역별 안내 한눈에 보기

Hören 듣기 · 약 20분

듣기 시험의 목표는 정보 습득과 지시 이해이며 세 부분으로 나뉩니다.

Teil	목표	지문 종류	문제 유형	문항 수, 배점
1	선택적 듣기	짧은 전화 음성	빈칸 채우기	5
2	상세히 듣기	짧은 라디오 방송	삼지선다	5
3	전체적 듣기	일상 회화	짝 맞추기	5

Lesen und Schreiben 읽기와 쓰기 · 50분

읽기와 쓰기 시험의 목표는 정보 습득과 지시 이해이며 읽기 세 부분, 쓰기 두 부분으로 나뉩니다.

Teil	목표	지문 종류	문제 유형	문항 수, 배점
1	선택적 읽기	안내문	삼지선다	5
2	상세히 읽기	짧은 기사	참/거짓	5
3	전체적 읽기	짧은 광고	짝 맞추기	5

Teil	목표	글의 종류	문제 유형	문항 수	배점
1	정보 제시	서식 용지	빈칸 채우기	5	5
2	글쓰기 양식 사용과 정보 요청	편지	편지 쓰기	1 (약 40자)	10

✓ Sprechen 말하기 · 약 15분

말하기 시험은 다른 응시자와 대화 상대로 짝을 지어 진행합니다. 세 부분으로 나뉩니다.

Teil	목표	유형	시간(분)	배점
1	자기 소개	제시어 말하기	0.5/인	3
2	일상 대화하기	대화	4	6
3	공동 활동에 관해 협상하기		4	6

시험 진행에 앞서

전체 시험 일정은 크게 두 부분으로 나뉩니다. 먼저 지필 시험에 해당하는 듣기, 읽기, 쓰기 시험을 진행합니다. 소요 시간은 대략 70분 가량이며 중간에 쉬는 시간은 없습니다. 그 뒤 구술 시험을 진행합니다. 구술 시험은 지필 시험과 같은 날에 진행할 수도, 다른 날에 진행할 수도 있으며, 이는 각 Prüfungszentrum에서 확인할 수 있습니다.

지필 시험의 답은 답안 작성지인 Antwortbogen에 연필로 작성합니다. 문제를 다 풀고 나서 나중에 한번에 Antwortbogen에 옮겨 적기에는 시간이 부족하니 가능하면 문제를 풀면서 Antwortbogen에도 답을 기입하기를 추천 드립니다. 문제지인 Aufgabenheft에 적은 내용은 채점에 반영되지 않습니다.

> 시간에 맞춰서 Antwortbogen에 답을 기입하며 풀어 보세요!
> 최신 Antwortbogen 양식은 telc 홈페이지 Übungsmaterial 항목의 Übungstest 문서를 활용하시기 바랍니다.

구술 시험은 보통 다른 응시자와 짝을 지어 진행되지만 혹시라도 구술 시험 응시자 수가 홀수라 짝이 없는 경우 시험관 중 한 명이 대화 상대를 맡습니다.

배점은 각 영역 별 15점씩 총 60점입니다. 총점 36점, 지필 27점, 구술 9점 이상이면 합격입니다.

총점	성적
54 ~ 60	sehr gut
48 ~ 53.5	gut
42 ~ 47.5	befriedigend
36 ~ 41.5	ausreichend
0 ~ 35.5	teilgenommen

✅ 시험 진행

지필 시험

1. Aufgabenheft와 Antwortbogen을 나눠 줍니다. 개인 정보란을 우선 채우세요.
2. 먼저 듣기 시험부터 시작합니다.
3. 약 20분 정도 되는 듣기 시험 음성이 끝나면 쉬는 시간 없이 읽기와 쓰기 시험이 바로 진행됩니다.
4. 50분 동안 읽기와 쓰기 시험이 끝나면 나누어 주었던 모든 종이를 시험 감독관이 회수합니다.

구술 시험

1. 시험관은 두 명이며 시험관이 우선 자신을 소개하고 시험 진행을 안내합니다.
2. 부분 1은 자기소개입니다. 총 약 3분 동안 진행하며, 한 사람에게 할당된 시간은 약 30초입니다.
3. 응시자 1과 2가 차례대로 마치면 시험관이 부분 2로 진행하며 주제를 제시합니다. 부분 2는 약 4분 동안 진행됩니다.
4. 응시자가 서로 대화를 마치면 시험관은 부분 3으로 진행합니다. 부분 3은 약 4분 동안 진행됩니다.
5. 부분 3까지 마치면 시험관은 시험 종료를 알립니다.

> 시간에 맞춰서 Antwortbogen에 답을 기입하며 풀어 보세요!
> 최신 Antwortbogen 양식은 telc 홈페이지 Übungsmaterial 항목의 Übungstest 문서를 활용하시기 바랍니다.

☑ 영역별 상세 안내

Hören 듣기

듣기 시험은 쉬는 시간 없이 약 20분 동안 진행됩니다. 실제 상황처럼 주변 소음이 함께 나오는 듣기 지문도 있지만, 받아쓰기가 아니고 필요한 정보만 들으면 되기에 너무 걱정하실 필요는 없습니다. 가능하면 문제를 풀면서 Antwortbogen에도 답을 기입하기를 추천 드립니다.

> 본 교재의 듣기 시험 음성은 각 Hören 시험 첫 장에 있는
> QR 코드에 연동된 주소에서 들을 수 있습니다.
>
> 실제 시험과 같이 중단 없이 한번에 끝까지 들으면서 문제를 풀어 보세요!

Teil 1

전화 음성 듣기입니다. 총 다섯 문제로, 우선 예제 음성을 들은 뒤, 음성 다섯 개를 두 번씩 듣고 각 번호에 맞춰 메모지에 빈칸을 채우는 문제입니다. 모르는 단어가 나와도 당황하지 않고 필요한 정보만 들으면 충분히 문제를 풀 수 있습니다. 배점은 문항당 1점입니다.

예제

쪽지에 가게 이름과 업무가 나오고 아래에 영업 시간이 비어 있습니다.
음성에서 영업 시간을 듣고 적으면 됩니다. Antwortbogen에 적는 것을 잊지 마세요.

듣기 지문

Guten Tag. Hier Technikcenter Huber. Ihr Computer ist nun fertig. Sie können ihn Montag bis Freitag zwischen 9 und 18 Uhr bei uns in unserem Geschäft am Ringplatz abholen.

Beispiel
0

Technikcenter Huber

Computer

Geöffnet Mo - Fr _____

Teil 2

라디오에서 들을 수 있는 뉴스, 일기 예보, 교통 정보 등이 지문으로 나옵니다. 우선 예제 음성을 들은 뒤, 음성 다섯 개를 한 번씩 듣고 a, b, c 가운데 질문의 대답으로 적절한 하나를 골라 답하는 문제입니다. 총 다섯 문제로, 배점은 문항당 1점입니다.

예제

라디오 음성을 듣고 곧 몇 시인지 맞추는 문제입니다. 지문에 시각이 두 개 나오지만 현재 시각을 나타내는 표현과 아침 인사를 잘 듣고 풀어야 합니다.

듣기 지문

Guten Morgen und willkommen bei Radio Anabella. Es ist 5 vor 8. Nach der Werbung beginnt „In den Tag mit Arnie". Arnie bringt euch die aktuellsten Nachrichten um Punkt 8 Uhr. Bleiben Sie dran.

Beispiel

0 Wie spät ist es gleich?

    a acht Uhr morgens
    b sieben Uhr abends
    c acht Uhr abends

Teil 3

대화를 듣고 보기 아홉 개 가운데 알맞은 정보를 다섯 개 골라서 표를 채우는 문제입니다. 보기 가운데 하나는 이미 예시 답안으로 표기가 되어 있습니다. 대화는 두 번 들려주며 배점은 문항당 1점입니다.

예제

대화를 듣고 Drogerie가 몇 층에 있는지 맞추는 문제입니다. 대화 흐름 안에서 필요한 정보를 바로 파악하는 것이 중요합니다.

듣기 지문

Frau: Guten Tag. Ich brauche Ihre Hilfe.
Angestellte: Herzlich willkommen. Wie kann ich Ihnen behilflich sein?
Frau: Ich brauche neue Babyflaschen. Wo gibt es die?
Angestellte: Babyflaschen finden Sie in der Drogerie im ersten Stock.

Beispiel

0 Wo findet man diese Dinge?   Drogerie   Lösung: a   *Im ersten Stock*

Was?	0 Drogerie	11 ...	12 ...	13 ...	14 ...	15 ...
Wo?	a					

Lesen 읽기

듣기 시험이 끝나면 곧바로 읽기 시험이 20분 동안 진행됩니다. 가능하면 문제를 풀면서 Antwortbogen에도 답을 기입하기를 추천 드립니다.

여러 정보가 적힌 안내판 또는 안내문 등을 읽고 다섯 문제를 풀어야 합니다. 각 문제에는 a, b, c로 보기가 세 개 있으며, 문제가 제시하는 상황에 알맞은 답변을 골라야 합니다. 배점은 문항당 1점입니다.

예제

잡지의 목차를 보고 매트리스가 필요한 상황이라면 몇 쪽을 살펴봐야 하는지 찾는 문제입니다.

Beispiel

0   Sie brauchen eine neue Matratze für Ihr Bett.
    a   Seite 2 - 7
    ✗ Seite 15 - 25
    c   Seite 31 - 38

*잡지 목차 정보는 본 지면에서 생략하였습니다. 실제 모의고사에는 여러 다양한 정보가 텍스트로 제시됩니다.

인물과 관련된 신문 기사를 읽고 문제 다섯 개를 푸는 문제입니다. 기사 본문에 기반하여 문항에 적인 문장이 참인지(richtig) 거짓인지(falsch) 골라야 합니다. 배점은 각 문항당 1점입니다.

예제

기사에 나오는 Fabia Holte가 배우인지 묻습니다. 기사에서 언급하였는지를 잘 확인해야 합니다.

Beispiel

0   Fabia Holte ist deutsche Schauspielerin.   **✗** richtig   - falsch

*기사 정보는 본 지면에서 생략하였습니다. 실제 모의고사에는 여러 다양한 정보가 텍스트로 제시됩니다.

Teil 3

신문이나 인터넷에서 볼 수 있는 공고 내지는 광고가 여덟 개 제시되고 각 문항에 맞는 항목을 고르는 문제입니다. 문항 가운데 하나는 알맞은 항목이 없는데, 해당 번호에는 X 표시를 합니다. 배점은 문항당 1점입니다.

예제

독일 여행 상품을 비교할 때 필요한 광고를 골라야 합니다. Reise, Angebot, vergleichen 등 주요 어휘를 잘 확인하는 것이 중요합니다.

Beispiel

0 Sie möchten eine Deutschland-Reise machen und möchten Angebote vergleichen.

Lösung: Anzeige g

Situation	0	11	12	13	14	15
Anzeige	g					

g
www.preisvergleich.de

Sie suchen das billigste Angebot?
Vergleichen Sie alle Angebote auf Knopfdruck und finden Sie die perfekte Reise für Sie und Ihre Anforderungen.

Schreiben 쓰기

읽기 시험에 연이어 쓰기 시험이 30분 동안 진행됩니다.

제공된 정보를 보고 양식에 누락된 항목 다섯 개를 채워 넣는 문제입니다. 정보는 한 가지에서 세 가지까지 제시됩니다. 배점은 문항당 1점입니다.

예제

신청서의 성을 적는 난에 성을 적어 넣는 문제입니다. 제공된 신상 정보에서 성을 찾아서 적어야 합니다.

Beispiel

| 0 | Familienname: | Hao |

Persönliche Informationen- Datenblatt

Familienname:	Hao	0
Vorname:	…	
Wohnort:	…	
Land:	…	
Straße, Hausnummer:	…	

*신상 정보는 본 지면에서 생략하였습니다. 실제 모의고사에는 여러 다양한 정보가 텍스트로 제시됩니다.

Teil 2

지시문과 함께 정보가 네 가지 제공되고 이를 활용해 짧은 편지나 이메일을 쓰는 문제입니다. 네 가지 정보 가운데 세 가지를 골라서 40자 내외로 알맞은 양식에 맞춰 적어야 합니다. 배점은 10점입니다.

예제

지인 Stephanie가 베를린에서 여는 자녀의 돌잔치에 초대받았습니다. 일행 동행 가능 여부, 선물, 베를린행 교통편, 숙박 등 네 가지 사항 가운데 세 가지 항목을 넣어 답장을 써야 합니다.

Ihre Bekannte Stephanie hat ein Kind. Sie feiern den ersten Geburtstag des Kindes und Sie sind zur Feier eingeladen. Die Feier ist in Berlin. Antworten Sie mit einem Brief.

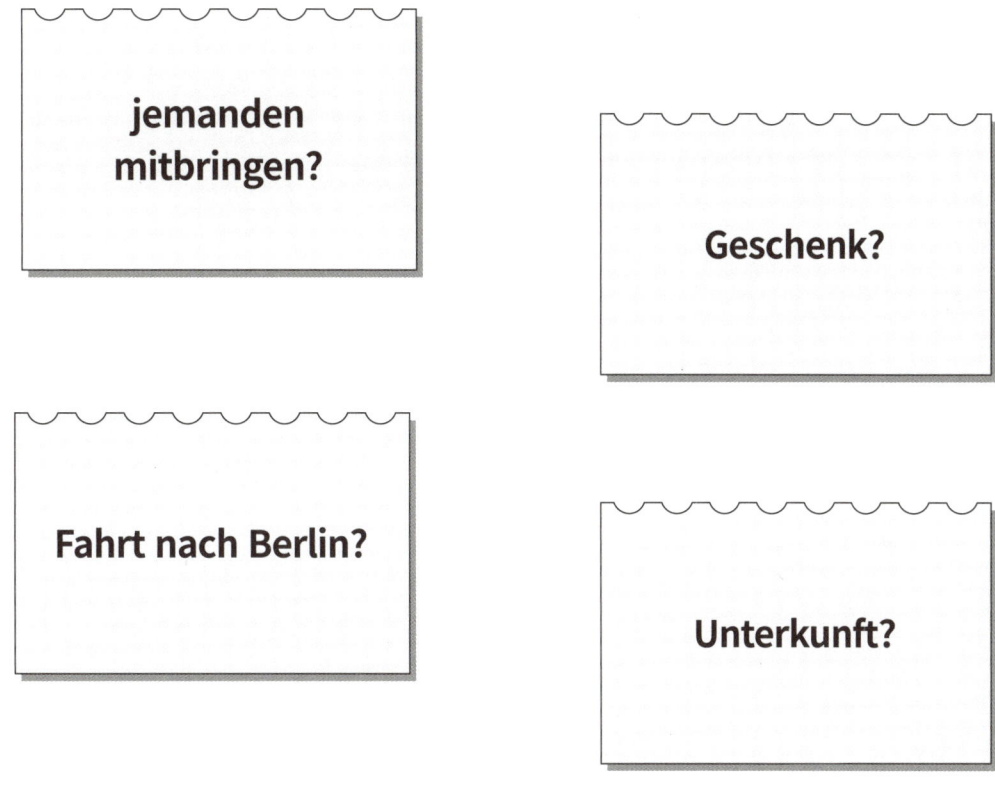

예시 답안

Liebe Stephanie,

vielen Dank für die Einladung. Ich komme gerne nach Berlin. Was kann ich deinem Kind schenken?

Kommen noch andere Freunde aus Leipzig angereist? Ich fahre mit dem Auto und kann jemanden mitnehmen. Kannst du mir ein Hotel empfehlen?

Liebe Grüße

Mara

Sprechen 말하기

말하기 시험은 시험관 두 명이 참석한 가운데, 다른 응시자가 대화 상대로 함께 응시하며, 세 부분으로 나뉩니다. 시험관이 응시자에게 인사하고 간단히 시험을 소개하면서 시작합니다. 소요 시간은 약 15분입니다.

> 만약 질문을 잘 못 들었거나 이해하지 못했을 경우 되물어 볼 수 있습니다.
> „Bitte wiederholen Sie das!"(다시 한번 말씀해 주세요)나
> „Bitte sprechen Sie langsamer!"(더 천천히 말씀해 주세요)를 활용해 보세요!

Teil 1: sich vorstellen

응시자는 각자 자기소개하고 시험관이 묻는 질문 두 개에 답해야 합니다. 시험관이 첫 번째 부분 시작을 알린 뒤, 자기소개에 쓸 수 있는 몇 가지 예문을 들어 주고, 응시자에게 시작하기를 부탁합니다. 이때 시험관은 자기소개 내용에 들어갈 만한 단어 목록이 적힌 종이를 탁자에 올려 놓습니다. 한 사람당 약 30초 정도 소요됩니다.

예제

Name?

Alter?

Land?

Wohnort?

Sprachen?

Beruf?

Hobby?

시험 진행 예시

Prüfer:	Guten Tag, mein Name ist Frank Mitterlechner. Das ist meine Kollegin, Frau Schwarz. Ich freue mich, dass Sie an der telc A2 Prüfung teilnehmen. Die Prüfung Sprechen besteht aus drei Teilen. Jetzt beginnen wir mit Teil 1. Bitte stellen Sie sich kurz vor. Hier sind ein paar Wörter. Sagen Sie zu jedem Punkt etwas. Möchten Sie anfangen?
Teilnehmerin A:	Guten Tag. Ich bin Mirabell und ich bin 21 Jahre alt. Ich komme aus Frankreich und ich wohne derzeit in München. Ich spreche Französisch, Spanisch und ein bisschen Deutsch. Ich bin Studentin. Meine Hobbys sind Kochen und Essen.
Prüfer:	Sprechen Sie auch Englisch?
Teilnehmerin A:	Nein, ich spreche kein Englisch.
Prüfer:	Sie sind Studentin. Haben Sie auch einen Nebenjob?
Teilnehmerin A:	Ja, ich arbeite in einem Café.

Teil 2: ein Alltagsgespräch führen

부분 2부터는 다른 응시자와 대화하는 시험입니다. 시험관이 대화 주제를 제시하고 카드 여섯 장을 탁자 위에 늘어놓습니다. 여섯 장 가운데 두 장은 "…?"로 물음표만 있습니다. 각 응시자는 "…?"가 적힌 카드 한 장을 포함해 총 세 장을 고릅니다. 응시자는 자신이 가져간 카드를 활용해 상대방에게 주제에 맞는 질문을 하고 또 상대방의 질문에 대답합니다. 약 4분 동안 진행됩니다.

> 본 교재에서는 다양한 질문을 연습할 수 있도록 카드를 여섯 개보다 많이 제시해 드립니다.

예제

일과 학업이라는 주제에 맞춰서 응시자 A는 "Was …?", "Wann …?", "…?"로 질문을 만들고, 응시자 B는 "Wo …?", "Seit wann …?", "…?"로 질문을 만들어 서로 묻고 답해야 합니다.

Thema: Arbeit und Studium

Teilnehmer A	Teilnehmer B
Teil 2 — Thema: **Arbeit und Studium** **Was …?**	Teil 2 — Thema: **Arbeit und Studium** **Wo …?**
Teil 2 — Thema: **Arbeit und Studium** **Wann …?**	Teil 2 — Thema: **Arbeit und Studium** **Seit wann …?**
Teil 2 — Thema: **Arbeit und Studium** **…?**	Teil 2 — Thema: **Arbeit und Studium** **…?**

대화 예시

Teilnehmerin A: Was ist dein Beruf?

Teilnehmer B: Ich bin Angestellter in einer Handelsfirma.
Wo hast du studiert?

Teilnehmerin A: Ich studiere in Bremen.
Wann arbeitest du?

Teilnehmer B: Ich arbeite jeden Tag von 9 bis 6 Uhr.
Seit wann studierst du in Bremen?

Teilnehmerin A: Ich studiere seit einem Jahr dort.
Macht dir deine Arbeit Spaß?

Teilnehmer B: Ja, meine Arbeit macht mir viel Spaß.
Was studierst du?

Teilnehmerin A: Ich studiere Maschinenbau.

Teil 3: etwas aushandeln

각 응시자가 서로 다른 내용이 적힌 시험지를 받고, 자신이 받은 시험지의 내용을 기반으로 함께 약속을 잡거나 계획을 짜야 합니다. 시험관이 과제를 설명하고 각 응시자에게 정보가 적힌 종이를 나눠줍니다.

예제

응시자는 함께 Jutta라는 친구에게 어떤 선물을 줄지 의논해야 합니다. 각 응시자는 Jutta가 뭘 좋아하고 싫어하는지, 각자 염두에 둔 선물은 무엇인지 서로 다른 정보를 가지고 있습니다. 알맞은 선물을 제안해 보세요.

Sie wollen gemeinsam ein Geschenk für eine Freundin, Jutta, kaufen gehen. Finden Sie ein passendes Geschenk.

Machen Sie Vorschläge.

Teilnehmer/in A

Jutta mag...	Jutta mag keine...
Rosen	Sonnenblumen
Filme	Süßigkeiten

Ideen: Strauß Rosen, Kinotickets

Teilnehmer/in B

Jutta mag...	Jutta mag keine...
gelb	Kinos
Snacks	Blumensträuße

Ideen: Blumentopf mit Sonnenblumen, Süßigkeiten

대화 예시

Teilnehmerin A: Wir können Jutta einen Strauß Rosen schenken.

Teilnehmer B: Nein, Jutta mag keine Blumensträuße. Sie mag gelb. Lass uns einen einen Blumentopf mit Sonnenblumen kaufen.

Teilnehmerin A: Ich denke nicht, dass sie Sonnenblumen mag.

Teilnehmer B: Sie mag Snacks. Kaufen wir ihr Süßigkeiten.

Teilnehmerin A: Oh, nein. Jutta mag keine Süßigkeiten. Wir können Chips kaufen und Kinokarten.

Teilnehmer B: Chips sind eine gute Idee. Aber sie sieht Filme lieber zu Hause. Schenken wir ihr ein Streaming Abo für ein Monat.

Teilnehmerin A: Das ist eine gute Idee. Chips und Filme, das freut sie bestimmt.

Teilnehmer B: Gut, abgemacht!

Modelltest 1

Hören
ca. 20 Minuten

Dieser Test hat drei Teile.
Lesen Sie zuerst die Aufgaben,
hören Sie dann den Text dazu.
Schreiben Sie zum Schluss Ihre Lösungen auf den Antwortbogen.

시간과 몇몇 설명, 음성 듣기가 포함되어 있습니다.

듣기 시험 음성 QR

재생시간은 듣기시험 전체 재생시간과 동일하며,
중단 없이 들으면서 동시에 문제를 풀어야 합니다.

Hören, Teil 1

Sie hören fünf Ansagen am Telefon.
Zu jedem Text gibt es eine Aufgabe.
Ergänzen Sie die Telefonnotizen.
Sie hören jeden Text **zweimal**.

Beispiel 0

Technikcenter Huber

Computer

Geöffnet Mo - Fr _9 bis 18 Uhr_

Lösung: 9 bis 18 Uhr

1

Zollamt

Problem mit Überweisung

Vorwahl: 01
Rufnummer _____

2

Dr. Fellner

Termin vereinbaren
Webseite:
www. _____

3

Alex

Film: James Bond
Ort: _____

4

Hausverwaltung

Vorwahl: 02
Rufnummer _____

5

Rosalie

Tanzkurs
jeden Mittwoch
Zeit: _____

Hören, Teil 2

Sie hören fünf Informationen aus dem Radio.
Zu jedem Text gibt es eine Aufgabe.
Kreuzen Sie an: a, b oder c.
Sie hören jeden Text **einmal.**

Beispiel

0 Wie spät ist es gleich?
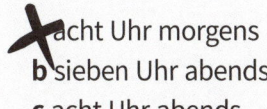
   a acht Uhr morgens
   b sieben Uhr abends
   c acht Uhr abends

6 Auf welcher Strecke fährt der Geisterfahrer?
   a Götting - Kassel
   b Kassel - Göttingen
   c Kassel - Berlin

7 Welcher Tag ist heute?
   a 25. Dezember
   b 31. Dezember
   c 24. Dezember

8 Woher kommt Falco?
   a Österreich
   b Deutschland
   c Großbritannien

9 Wer gratuliert zum Geburtstag?
   a Ivon, ein junges Mädchen
   b Ivons Eltern
   c Ivons Großeltern

10 Wer hat gewonnen?
    a Albert Richter
    b ein Richter aus Albert
    c John Lemon

Hören, Teil 3

Sie hören ein Gespräch.
Zu diesem Gespräch gibt es fünf Aufgaben.
Ordnen Sie zu und notieren Sie den Buchstaben.
*Sie hören den Text **zweimal**.*

Beispiel				
0 Wo findet man diese Dinge?	Drogerie	Lösung: a		*Im ersten Stock*

Was?	0 Drogerie	11 Supermarkt	12 Toilette	13 Spielwaren	14 Kinder- betreuung	15 Herren- bekleidung
Wo?	*a*					

 im ersten Stock

b im Erdgeschoss

c neben der Kinderbekleidung

d neben dem Aufzug

e im obersten Stockwerk

f in der Tiefgarage

g neben dem Haupteingang

h im dritten Stock

i im zweiten Stock

Lesen und Schreiben
50 Minuten

Der Test **Lesen** hat drei Teile.
Sie lesen kurze Briefe, Anzeigen und Hinweise.
In jedem Teil gibt es fünf Aufgaben.
Kreuzen Sie die richtige Lösung an.

Schreiben Sie zum Schluss Ihre Lösungen auf den Antwortbogen.

Der Test **Schreiben** hat zwei Teile.
Sie füllen ein Formular aus und schreiben einen kurzen Brief.

Hilfsmittel wie Wörterbücher sind nicht erlaubt.

Lesen, Teil 1

Lesen Sie die Aufgaben 1–5 und die Information.

Kreuzen Sie an: a, b oder c.

Beispiel

0   Sie brauchen eine neue Matratze für Ihr Bett.

   a Seite 2 - 7
   b Seite 15 - 25
    Seite 31 - 38

1   Sie suchen ein neues Sofa für Ihre Wohnung.
   a Seite 2 - 7
   b Seite 15 - 25
   c Seite 8 - 14

2   Sie möchten einen neuen Teppich für Ihr Schlafzimmer.
   a Seite 15 - 25
   b Seite 8 - 14
   c Seite 26 - 30

3   Sie brauchen ein Spielzeug für Ihre Nichte.
   a Seite 31 - 38
   b Seite 2 - 7
   c Seite 8 - 14

4   Sie ziehen bald um und suchen nach neuen Ideen.
   a Seite 26 - 30
   b Seite 31 - 38
   c Seite 2 - 7

5   Bei der letzten Party sind viele Gläser kaputt gegangen.
   a Seite 8 - 14
   b Seite 26 - 30
   c Seite 31 - 38

Möbel und Einrichtung
Das Magazin für Wohnen

Seite 2 - 7	Trends und Tipps Küche, Wohnzimmer, Schlafzimmer, Kinderzimmer
Seite 8 - 14	Wohnen Sessel, Sofas, Beistelltische, Regale, Schränke, Hocker, Wolldecken, Teppiche, Bücher, Fernseher
Seite 15 - 25	Schlafen Betten, Matratzen, Kleiderschränke, Nachttische, Vorhänge, Bettdecken und Kissen
Seite 26 - 30	Essen Esstische, Esszimmerstühle, Geschirr, Kühlschränke, Hocker und Bänke, Elektrogeräte, Komplettküchen
Seite 31 - 38	Kinder Betten, Matratzen, Spielzeug, Kindermöbel, Leuchten für Kinder, Aufbewahrungsboxen und Körbe

Lesen, Teil 2

Lesen Sie den Text und die Aufgaben 6–10.
Sind die Aussagen **richtig** (+) oder **falsch** (–)?
Kreuzen Sie an.

Beispiel

0 Fabia Holte ist eine deutsche Schauspielerin.	✗ richtig	- falsch

6 Fabia Holte war verheiratet.	+ richtig	- falsch
7 Fabia hatte viele Partner nach ihrer Scheidung.	+ richtig	- falsch
8 Fabia hat ein Bild von ihrem Ausflug nach Sylt geteilt.	+ richtig	- falsch
9 Fabia wollte die Beziehung geheim halten.	+ richtig	- falsch
10 Der „Cowboy" ist auch berühmt.	+ richtig	- falsch

Fabia Holte:
Verliebt in einen Cowboy

Die deutsche Schauspielerin Fabia Holte (35) zeigt sich nach der Scheidung von ihrem Mann zum ersten Mal mit einem neuen Partner in der Öffentlichkeit. Mit Cowboyhut und Westernstiefeln sind die beiden Turteltäubchen am Strand auf Sylt entlang geritten.

Fabia hat von ihrem Ausflug auf den sozialen Medien erzählt und nannte ihren neuen Partner liebevoll „mein Cowboy". Zudem bedankte sie sich bei ihm für „die neue Welt", die er ihr zeigt. Wie lange es dieses ungleiche Paar schon gibt, ist nicht bekannt. Wer der „Cowboy" ist, wollte Fabia uns erst mal nicht verraten. „Er ist ein ganz normaler Mensch und ist das Leben in der Öffentlichkeit nicht gewohnt", meinte sie in unserem Interview. Auf die Frage, wann wir ihn kennenlernen dürfen, lachte sie nur: „Wer weiß."

Wir wünschen Fabia und „ihrem Cowboy" alles Gute für die Zukunft und hoffen ihn bald treffen zu können.

Lesen, Teil 3

Lesen Sie die Anzeigen a–h und die Aufgaben 11–15.

Welche Anzeige passt zu welcher Situation?

*Für **eine** Aufgabe gibt es keine Lösung. Schreiben Sie hier den Buchstaben X.*

Beispiel

0 Sie möchten eine Deutschland-Reise machen und möchten Angebote vergleichen.

Lösung: Anzeige g

Situation	0	11	12	13	14	15
Anzeige	g					

11 Sie möchten in Deutschland studieren. Sie suchen Informationen.

12 Ein Freund möchte im Sommer in den USA ein Praktikum machen.

13 Sie sind seit Kurzem in Deutschland und möchten eine Rundreise durch Deutschland machen.

14 Sie suchen neue Freunde in Deutschland, mit denen Sie Deutsch üben können.

15 Eine Freundin studiert in Deutschland und möchte etwas Geld dazu verdienen.

a
www.buchen.de

Hotels und Hostels buchen
- Luxushotels
- Ferienwohnungen und Ferienhäuser
- Hostels und Pensionen

b
www.sprachtandem.de

Internationaler Sprachaustausch
Triff Studenten aus aller Welt!
Sprachen lernen und Freunde treffen
Jeden Donnerstagabend: Stammtisch
Informationen zu Festen und Ausflügen auf der Website.

c
www.studyingermany.org

- Informationen zur Visumbeantragung
- Zollvorschriften
- Studieren in Deutschland
- Schüler- und Jugendaustausch

d
www.nebenjobs.de

Nebenjobs für Studenten
Angebote für deutsche und ausländische Studenten. Freie Zeiteinteilung, faire Bezahlung

e
www.urlaubdaheim.com

Urlaub in Deutschland
- Flussreisen (Rhein, Main, Donau)
- Ferienhaus online buchen
- Erlebnisurlaube für Kinder

f
www.bahn.de

Genießen Sie diese Ferien mit uns in Deutschland. Wir bringen Sie überall hin.
5-tägige Rundreise durch ganz Deutschland zum Sonderpreis.

g
www.preisvergleich.de

Sie suchen das billigste Angebot?
Vergleichen Sie alle Angebote auf Knopfdruck und finden Sie die perfekte Reise für Sie und Ihre Bedürfnisse.

h
www.workinginasia.de

Jobs im Ausland
Stellenangebote für Deutsche in Asien.
Festanstellungen, Praktika und Nebenjobs in ganz Asien.

Schreiben, Teil 1

Ihre Bekannte Ming möchte sich um einen Nebenjob bewerben. Für die Bewerbung muss sie ein Formular ausfüllen. Helfen Sie ihr.

Schreiben Sie die fünf fehlenden Informationen in das Formular. Am Ende übertragen Sie Ihre Lösungen auf den Antwortbogen.

Name:	Hao
Vorname:	Ming
geb. am:	19.11.2001
geb. in:	Peking
wohnhaft in:	Mönchstraße 62, 70191 Stuttgart, Deutschland

Ming ist vor 6 Monaten nach Deutschland gekommen. Seitdem lernt sie Deutsch und studiert Internationale Wirtschaft.

Sie wohnt mit 2 Freunden in einer WG.

Sie hat in Ihrer Heimat schon 1 Jahr lang als Kellnerin gearbeitet.

Ihre Muttersprache ist Chinesisch, aber sie spricht auch gut Englisch und ein wenig Deutsch.

Beispiel

0   Familienname: Hao

Persönliche Informationen- Datenblatt

Feld	Eintrag	Nr.
Familienname:	Hao	0
Vorname:	Ming	
Wohnort:		1
Land:	Deutschland	
Straße, Hausnummer:	Mönchstraße 62	
Geburtsdatum:		2
Geburtsort:		3
Nationalität:	chinesisch	
Geschlecht:	☐ weiblich ☐ männlich ☐ divers ☒ keine Angabe	
Erfahrung	1 Jahr	4

Tragen Sie auch Folgendes ein:

Feld	Eintrag	Nr.
Muttersprache:		5
Fremdsprache:	Englisch und Deutsch	

Schreiben, Teil 2

Ihre Bekannte Emilia feiert in 2 Wochen ihren 25. Geburtstag. Die Feier ist in München. Emilia hat Sie eingeladen. Antworten Sie in einer E-Mail.

*Hier finden Sie vier Punkte. Wählen Sie **drei** aus. Schreiben Sie zu jedem dieser drei Punkte ein bis zwei Sätze auf den **Antwortbogen.***

*Vergessen Sie nicht den passenden **Anfang** und den **Gruß** am Schluss.*

Schreiben Sie circa 40 Wörter.

- **Übernachtung in München?**
- **Geschenk?**
- **etwas mitbringen?**
- **andere Freunde?**

Sprechen
ca. 15 Minuten

Dieser Test hat drei Teile.

Sprechen Sie bitte mit Ihrem Partner bzw. Ihrer Partnerin.

Teil 1

Sich vorstellen

Name?

Alter?

Land?

Arbeit?

Sport?

Sprachen?

Hobby?

Teil 2

Ein Alltagsgespräch führen

Thema: Wohnen

Thema: Teil 2 **Wohnen**	Thema: Teil 2 **Wohnen**
Wo ...?	*... Wohnung oder Haus ...?*
Thema: Teil 2 **Wohnen**	Thema: Teil 2 **Wohnen**
Mit wem ...?	*Wie viel ...?*
Thema: Teil 2 **Wohnen**	Thema: Teil 2 **Wohnen**
...?	*...?*
Thema: Teil 2 **Wohnen**	Thema: Teil 2 **Wohnen**
... umziehen ...?	*Wie lange ...?*

Teil 3

Etwas aushandeln

Sie wollen zusammen essen gehen. Finden Sie einen gemeinsamen Termin.
Machen Sie Vorschläge.

Teilnehmer/in A

Samstag, 14. August

6.00	
7.00	Lange schlafen!
8.00	
9.00	
10.00	Spazieren
11.00	mit dem Hund
12.00	Mittagessen
13.00	bei Elisa
14.00	Fahrrad abholen
15.00	
16.00	
17.00	
18.00	
19.00	
20.00	Spieleabend bei Mario
21.00	

Teil 3

Etwas aushandeln

Sie wollen zusammen essen gehen. Finden Sie einen gemeinsamen Termin.
Machen Sie Vorschläge.

Teilnehmer/in B

Samstag, 14. August

6.00	
7.00	Arzttermin:
8.00	Vorsorgeuntersuchung
9.00	Dr. Herzel
10.00	Taekwondo
11.00	Abzeichenprüfung
12.00	Mittagessen
13.00	bei Opa
14.00	
15.00	
16.00	Tante Ulli im
17.00	Seniorenheim besuchen
18.00	
19.00	
20.00	Nicht vergessen!!!! 20.15 (ZDF): Fußball
21.00	Deutschland gegen Korea

Modelltest 2

Hören

ca. 20 Minuten

Dieser Test hat drei Teile.

Lesen Sie zuerst die Aufgaben,

hören Sie dann den Text dazu.

Schreiben Sie zum Schluss Ihre Lösungen auf den Antwortbogen.

시간과 몇몇 설명, 음성 듣기가 포함되어 있습니다.

듣기 시험 음성 QR

재생시간은 듣기시험 전체 재생시간과 동일하며,
중단 없이 들으면서 동시에 문제를 풀어야 합니다.

Hören, Teil 1

Sie hören fünf Ansagen am Telefon.
Zu jedem Text gibt es eine Aufgabe.
Ergänzen Sie die Telefonnotizen.
Sie hören jeden Text **zweimal**.

Beispiel 0

Sprachschule Ulmrich

Tasche abholen

Zeit: täglich 15.00–22.00 Uhr

Lösung: Tasche

1

Ben

Malkurs

Zeit: freitags, _____

2

Bayerisches Landesamt

Frau Mermul

Telefon: 07 _____

3

Sophie

_____ mit Freunden

Zeit: Samstag, um 17.00 Uhr

4

Fluglinie Hochhinaus

Flug ändern

Telefon: 0800 _____

5

Schneiderei Muster

Online-Angebot

Webseite: www._____.de

Hören, Teil 2

Sie hören fünf Informationen aus dem Radio.
Zu jedem Text gibt es eine Aufgabe.
Kreuzen Sie an: a, b oder c.
*Sie hören jeden Text **einmal.***

Beispiel

0   Was läuft um 9 Uhr im Radio?

    a Klassiker der 90er
    b Kuschelrock
    c die wöchentliche Quizshow

6   Was kann man gewinnen?

    a einen neuen Computer
    b eine Reise nach Italien
    c eine Reise nach Hannover

7   Wie ist das Wetter am Samstag?

    a bewölkt und kalt
    b sonnig und warm
    c regnerisch und warm

8   Was behindert die Fahrbahn?

    a ein Mensch
    b ein Tier
    c ein Unfall

9   Worum geht es heute in der Sendung?

    a Schlaf
    b Hobbys
    c Stress

10   Wieviel Rabatt bekommt man bei Elektro Gerber?

    a bis zu 15 %
    b 5 %
    c bis zu 17 %

Hören, Teil 3

Sie hören ein Gespräch.
Zu diesem Gespräch gibt es fünf Aufgaben.
Ordnen Sie zu und notieren Sie den Buchstaben.
*Sie hören den Text **zweimal**.*

Beispiel

0 Wo sind diese Gegenstände?   Socken   Lösung: a   unter dem Bett

Was?	0 Socken	11 Kuscheldecke	12 Überzüge	13 Bücher	14 Hausaufgaben	15 Computer
Wo?	a					

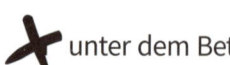 unter dem Bett

b auf dem Balkon

c im Bücherregal

d im Kleiderschrank

e in Papas Büro

f im Wohnzimmer

g im Keller

h auf dem Schreibtisch

i auf dem Bücherregal

Lesen und Schreiben
50 Minuten

Der Test **Lesen** hat drei Teile.

Sie lesen kurze Briefe, Anzeigen und Hinweise.

In jedem Teil gibt es fünf Aufgaben.

Kreuzen Sie die richtige Lösung an.

Schreiben Sie zum Schluss Ihre Lösungen auf den Antwortbogen.

Der Test **Schreiben** hat zwei Teile.

Sie füllen ein Formular aus und schreiben einen kurzen Brief.

Hilfsmittel wie Wörterbücher sind nicht erlaubt.

Lesen, Teil 1

Lesen Sie die Aufgaben 1–5 und die Information.
Kreuzen Sie an: a, b oder c.

Beispiel

0   Sie brauchen eine neue Sporthose.

    a 2. Stock
    ✗ 3. Stock
    c 4. Stock

1   Ihr Handy ist gestern kaputt gegangen. Sie möchten es reparieren lassen.
    a Erdgeschoss
    b 1. Stock
    c 2. Stock

2   Sie möchten eine dicke Winterdecke kaufen.
    a 2. Stock
    b Erdgeschoss
    c 4. Stock

3   Ihr Kind möchte spielen, aber Sie müssen noch einkaufen.
    a 4. Stock
    b 3. Stock
    c 2. Stock

4   Sie möchten etwas zu Mittag essen.
    a 2. Stock
    b 1. Stock
    c Erdgeschoss

5   Ihre Schwester ist umgezogen und sie braucht einen neuen Kochtopf.
    a 2. Stock
    b 3. Stock
    c Erdgeschoss

Einkaufszentrum Rose

EG Erdgeschoss: Snackbar / SB-Restaurant / Pizzeria / Bäckerei / Supermarkt / Schmuck

1 1. Stock: Chocolatier / Handyservice / Wanderausrüstung / Apotheke / Friseur / Parfümerie / Drogerie

2 2. Stock: Betten / Decken / Sofas / Tische / Küchen / Geschirr / Bio-Gemüse / Damenbekleidung

3 3. Stock: Kinderbetreuung / Kinderbekleidung / Spielwaren / Sportgeräte / Sportbekleidung

4 4. Stock: Tiernahrung / Computer / Handys / IT-Zubehör / Herrenbekleidung / Schuhe / Unterwäsche

Lesen, Teil 2

Lesen Sie den Text und die Aufgaben 6–10.
*Sind die Aussagen **richtig** (+) oder **falsch** (–)?*
Kreuzen Sie an.

Beispiel		
0 Uwe Fillis war ein Rennradfahrer.	✗ richtig	– falsch

6 Uwe fährt nicht mehr mit dem Fahrrad.	+ richtig	– falsch
7 Uwe möchte wieder an der Tour de France teilnehmen.	+ richtig	– falsch
8 Uwes Frau wusste von Uwes Entscheidung.	+ richtig	– falsch
9 Der Radweg um den Chiemsee ist lang.	+ richtig	– falsch
10 Uwe möchte mehr Zeit mit seiner Familie verbringen.	+ richtig	– falsch

„Nach 28 Jahren ist Schluss."
-
Uwe Fillis

Der deutsche Rennradfahrer Uwe Fillis (45) beendet seine Karriere nach 28 Jahren im Spitzensport. Nach seinem letzten Rennen bei der Tour de France hat er in einem Interview bekannt gegeben, dass er aufhört. Die Worte „Nach 28 Jahren ist Schluss", waren ein Schock für seine Fans. Doch noch überraschter war seine Familie. In einem Interview gab seine Frau Melina (47) preis, dass diese Entscheidung sehr spontan kam. Für sie war immer klar, Uwe wird am Rennrad sterben.

Ganz hat sich Fillis auch nicht von seinem geliebten Rennrad getrennt. Er fährt damit immer noch seine Eltern besuchen, zum Einkaufen oder eine „kleine" 60 km Runde um den Chiemsee.

Aber Rennen stehen außer Frage für den 45-Jährigen. Er möchte mehr Zeit mit seiner Frau und seinen zwei Kindern verbringen. „Der Spitzensport hat mich viel gekostet, mehr als nur meine eigene Energie", sagte Fillis. Er weiß noch nicht, wie es nun für ihn weitergeht. Um sich das zu überlegen, hat er jetzt ja „mehr als genug Zeit".

Lesen, Teil 3

Lesen Sie die Anzeigen a–h und die Aufgaben 11–15.

Welche Anzeige passt zu welcher Situation?

*Für **eine** Aufgabe gibt es keine Lösung. Schreiben Sie hier den Buchstaben X.*

Beispiel

0 Sie möchten Gartenmöbel kaufen, aber haben nicht viel Geld.

Lösung: Anzeige g

Situation	0	11	12	13	14	15
Anzeige	g					

11 Sie suchen einen Nebenjob und wollen 10 Stunden in der Woche arbeiten.

12 Sie haben einen alten Elektrogrill und möchten ihn gerne verkaufen.

13 Ein Freund ist gerade in die Stadt gezogen. Er möchte gerne gratis Sport machen.

14 Sie suchen nach Buchempfehlungen für Deutschlernende.

15 Sie möchten besser Deutsch sprechen und suchen Privatunterricht.

a

www.stadtkrügerl.at

Dringend gesucht!
Aushilfskellner/in
10 Stunden die Woche. Fr-Sa
Gute Bezahlung, keine Erfahrung nötig!

b

www.pilatesteam.de

Pilates für Anfänger
Einzel- und Gruppenkurse
Jetzt gratis Probestunde für alle Studenten!

c

www.deutschlernen.org

Deutsch lernen einfach gemacht!
Tipps zum Lernen
Online Kurse und Privatstunden
Gratis Videos und Materialien für alle Levels!

d

www.workingholiday.de

Jobs im Ausland
Stellenangebote in Deutschland. Freie Zeiteinteilung, 20-Stunden-Woche, vielfältige Angebote

e

www.wiederwertvoll.de

Alte Elektrogeräte, Handys, Computer ...
Wir kaufen gebrauchte Elektronik und machen sie wieder wertvoll. Alle Angebote finden Sie auf unserer Webseite.

f

www.fitnesshaus.de

Gratis Fitnessstudio!
Angebot nur für Studenten!
100 % Rabatt bei der Erstanmeldung!
Weitere Details finden Sie hier.

g

www.maghaben.de

Verkaufe: Gartenmöbel fast wie neu.
Originalpreis: € 400,-
Verkaufspreis: € 150,-
Nur Selbstabholung!

h

www.textkorrektur.org

Bessere Texte schreiben
Mit unserem neuen Korrekturprogramm finden Sie nicht nur Tipp- und Grammatikfehler. Wir korrigieren auch Ihren Stil passend zum Thema.

Schreiben, Teil 1

Ihr Kollege hat folgende Rechnung bekommen. Helfen Sie Ihm den Überweisungsträger auszufüllen.

Schreiben Sie die fünf fehlenden Informationen in das Formular. Am Ende übertragen Sie Ihre Lösungen auf den Antwortbogen.

Spielwaren Maus
Hannover Str. 98
30159 Hannover

Robert Martin
Schneestraße 823
42855 Remscheid

02.02.2022

Rechnungs-Nr. 000254

Stück	Bezeichnung	Art.-Nr.	Stückpreis	Gesamtpreis
2	Puppe - Dolly	PD-02	44,99 €	89,98 €
1	Puppenwagen	PW-01	84,99 €	84,99 €
			Gesamtsumme	174,97 €

Zahlbar bis 16.02.2022
Reklamationen müssen innerhalb von 14 Tagen nach Erhalt der Ware gemacht werden.

Bei der Zahlung bitte die Rechnungsnummer als Verwendungszweck angeben!

Kontoinhaber: Spielwaren Maus GmbH
Bankkonto: Länderbank, IBAN: DE45 2540 0026 5465 8500 12

Füllen Sie die Lücken

Beispiel

0   Wohnort: Remscheid

Empfänger (1), Empfänger IBAN (2), Summe (3), Verwendungszweck (4), Zahler (5)

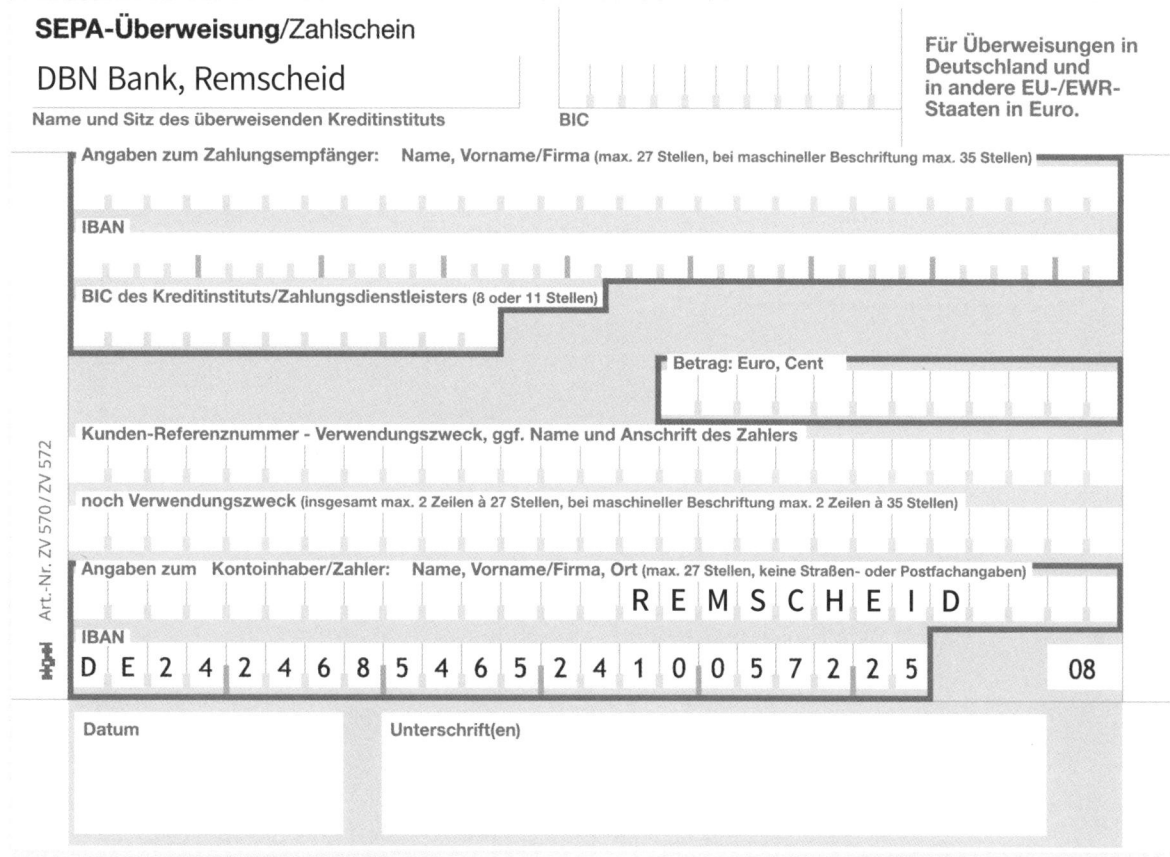

Schreiben, Teil 2

Ihre Bekannte Emma feiert ihre Verlobungsfeier nächste Woche. Die Feier ist in Göttingen. Sie haben eine Einladung erhalten. Antworten Sie in einer E-Mail.

*Hier finden Sie vier Punkte. Wählen Sie **drei** aus. Schreiben Sie zu jedem dieser drei Punkte ein bis zwei Sätze auf den **Antwortbogen**.*

Vergessen Sie nicht den passenden **Anfang** und den **Gruß** am Schluss.

Schreiben Sie circa 40 Wörter.

Sprechen

ca. 15 Minuten

Dieser Test hat drei Teile.

Sprechen Sie bitte mit Ihrem Partner bzw. Ihrer Partnerin.

Teil 1

Sich vorstellen

Name?

Alter?

Land?

Herkunft?

Arbeit?

Sprachen?

Filme?

Teil 2

Ein Alltagsgespräch führen

Thema: Heimat

Teil 2 — Thema: Heimat **Wo ...?**	Teil 2 — Thema: Heimat **Wie viele ...?**
Teil 2 — Thema: Heimat **Wann ...?**	Teil 2 — Thema: Heimat **Was ...?**
Teil 2 — Thema: Heimat **...?**	Teil 2 — Thema: Heimat **...?**
Teil 2 — Thema: Heimat **Wie ist ...?**	Teil 2 — Thema: Heimat **... typisch ...?**

Teil 3

Etwas aushandeln

Sie wollen zusammen einen etwas für ihren Freund, Markus, backen. Einigen Sie sich auf etwas. Machen Sie Vorschläge.

Teilnehmer/in A

Markus mag...	Markus mag keine...
dunkle Schokolade	Creme
Blaubeeren	weiße Schokolade

Vorschläge: Schokotorte, Donuts, ...

Teil 3

Etwas aushandeln

Sie wollen zusammen einen etwas für ihren Freund, Markus, backen. Einigen Sie sich auf etwas. Machen Sie Vorschläge.

Teilnehmer/in B

Markus mag...	Markus mag keine...
Muffins	Donuts
Kaffee	Marmelade

Vorschläge: Kaffeecreme-Torte, Schokomuffins, ...

Modelltest 3

Hören

ca. 20 Minuten

Dieser Test hat drei Teile.

Lesen Sie zuerst die Aufgaben,

hören Sie dann den Text dazu.

Schreiben Sie zum Schluss Ihre Lösungen auf den Antwortbogen.

시간과 몇몇 설명, 음성 듣기가 포함되어 있습니다.

듣기 시험 음성 QR

재생시간은 듣기시험 전체 재생시간과 동일하며,
중단 없이 들으면서 동시에 문제를 풀어야 합니다.

Hören, Teil 1

Sie hören fünf Ansagen am Telefon.
Zu jedem Text gibt es eine Aufgabe.
Ergänzen Sie die Telefonnotizen.
Sie hören jeden Text **zweimal**.

Beispiel 0

Fabian

Lernen für die Klassenarbeit

Ort: bei ___Emil___ zu Hause

Lösung: Emil

1

Hannover Stadtbank

Rückruf Müller

Zeit: _____

2

Augenklinik Fuchs

Sprechzeiten

Mo-Fr _____

3

weinkenner.at

Bestellung ändern

Webseite: www.weinkenner.at/_____

4

Theresa

Essen mit Dana und Marvin

Ort: _____

5

Buchhandlung Wunder

Bücher abholen

Bestellbestätigung und _____ mitbringen

Hören, Teil 2

Sie hören fünf Informationen aus dem Radio.
Zu jedem Text gibt es eine Aufgabe.
Kreuzen Sie an: a, b oder c.
*Sie hören jeden Text **einmal**.*

Beispiel

0   Wie ist das Wetter heute Nachmittag in der Stadt?

   a nass
   b mild
   c regnerisch

6   Wieso sollte man anrufen?
   a um sich einen Song zu wünschen
   b um den Song zu erraten
   c um ein altes Auto zu gewinnen

7   Wie viel länger braucht man auf der A2 in Richtung Italien?
   a Man braucht nicht länger.
   b Man braucht 5 km länger.
   c Man braucht 30 Minuten länger.

8   Was wird um 17 Uhr gespielt?
   a die Top 30
   b Songs aus aller Welt
   c Hits aus Deutschland

9   Wo kann man sich für das Sommerquiz anmelden?
   a Man muss anrufen.
   b Man kann sich nicht mehr anmelden.
   c Man muss sich online anmelden.

10   Was schreibt Lena Braun?
   a moderne Märchen
   b Geschichten über Prinzessinnen
   c wahre Geschichten

Hören, Teil 3

Sie hören ein Gespräch.
Zu diesem Gespräch gibt es fünf Aufgaben.
Ordnen Sie zu und notieren Sie den Buchstaben.
*Sie hören den Text **zweimal**.*

Beispiel

0 Wo sind die Arbeitsplätze von diesen Personen?   Lösung: a

Wen?	0 Fr. Lorenz	11 Direktorin	12 Teamchef	13 Praktikanten	14 Personaler	15 Technikerin
Wo?	a					

 im Großraumbüro

b im Konferenzraum

c hinter der Glastür

d neben der alten Teeküche

e neben dem Konferenzraum

f neben der neuen Teeküche

g im Keller

h in der alten Teeküche

i in der Sporthalle

Lesen und Schreiben
50 Minuten

Der Test **Lesen** hat drei Teile.
Sie lesen kurze Briefe, Anzeigen und Hinweise.
In jedem Teil gibt es fünf Aufgaben.
Kreuzen Sie die richtige Lösung an.

Schreiben Sie zum Schluss Ihre Lösungen auf den Antwortbogen.

Der Test **Schreiben** hat zwei Teile.
Sie füllen ein Formular aus und schreiben einen kurzen Brief.

Hilfsmittel wie Wörterbücher sind nicht erlaubt.

Lesen, Teil 1

Lesen Sie die Aufgaben 1–5 und die Information.

Kreuzen Sie an: a, b oder c.

Beispiel

0 Sie brauchen Informationen über das Dorf.

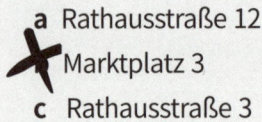
   a Rathausstraße 12
   b Marktplatz 3
   c Rathausstraße 3

1 Ihr Sohn hat Fieber und er braucht Medizin.
   a Marktplatz 11
   b Hauptstraße 33
   c Marktplatz 12

2 Es regnet und Sie möchten ein Buch zum Lesen kaufen.
   a Rathausstraße 11
   b Rathausstraße 12
   c Rathausstraße 3

3 Sie möchten am Abend mit Ihrem Partner schick essen gehen.
   a Promenade 3
   b Promenade 11
   c Promenade 5

4 Sie möchten eine Tasse heißen Kaffee trinken.
   a Marktplatz 11
   b Rathausstraße 11
   c Promenade 11

5 Sie möchten etwas Besonderes aus Gunzhaus für Ihre Familie mitnehmen.
   a Marktplatz 6
   b Promenade 5
   c Hauptstraße 33

Gunzhaus
Touristeninformation

Touristeninformation Marktplatz 3	Rathaus Rathausstraße 12
Café Vanille Rathausstraße 11	Gasthof Weißer Adler Marktplatz 21
Egger Spielwaren Hauptstraße 33	Bäckerei Kaiser Hauptstraße 11
Buchhandlung Müller Rathausstraße 3	Käse und Wein von Daheim Promenade 5
Eiscafé Experte Promenade 11	Fitnessstudio Stark Marktplatz 6
Eschen Apotheke Marktplatz 11	Parkhotel zum Brunnen Hauptstraße 23
Bank und Wechselstube Marktplatz 8	Restaurant Bella Italia Promenade 3

Lesen, Teil 2

Lesen Sie den Text und die Aufgaben 6–10.
*Sind die Aussagen **richtig** (+) oder **falsch** (–)?*
Kreuzen Sie an.

Beispiel

0	Albrecht Frank ist der Chef einer Reifenfirma.	⊠ richtig	– falsch

6	Die Familie hat über Albrechts Entscheidung abgestimmt.	+ richtig	– falsch
7	Albrechts Frau wollte, dass er Chef bleibt.	+ richtig	– falsch
8	Der neue Chef ist genauso alt wie Albrecht.	+ richtig	– falsch
9	Es gibt drei Personen für die Abstimmung.	+ richtig	– falsch
10	Albrecht Frank war nur ein Jahr lang Chef.	+ richtig	– falsch

Neuer Chef für Reifen Frank

Der Gründer und Chef von Reifen Frank, Albrecht Frank (64), hat überraschend bekannt gegeben, dass er Ende des Monats aufhören wird.

Diese Entscheidung kam nach einem langen Gespräch mit seiner Familie. Der Grund für die Diskussion war, dass seine Frau Emma Frank (62) krank ist. Obwohl seine Frau ihn dazu überreden wollte, bis zu seinem 65. Geburtstag noch Firmenchef zu bleiben, wurde sie von ihrem Mann und ihren zwei Kindern überstimmt.

Die Wahl des nächsten Chefs findet erst in drei Monaten statt. In der Zwischenzeit übernimmt der jüngste Sohn von Albrecht, Leon Frank (34), die Leitung. Er hat bei der Verkündung auch gleich gesagt, dass er auch weiterhin der Chef von Reifen Frank sein möchte.

Zudem stehen Anne Schweiger (45) und Alexander Horn (64) zur Wahl. Die Entscheidung wird von allen Mitarbeitern in einer Abstimmung getroffen. Die Chancen stehen für alle Kandidaten gleich.

Wir hoffen, dass der traditionsreiche Familienbetrieb die Veränderungen gut übersteht.

Lesen, Teil 3

Lesen Sie die Anzeigen a–h und die Aufgaben 11–15.

Welche Anzeige passt zu welcher Situation?

*Für **eine** Aufgabe gibt es keine Lösung. Schreiben Sie hier den Buchstaben X.*

Beispiel

0   Eine Freundin muss ein Praktikum für ihr Studium machen.

Lösung: Anzeige g

Situation	0	11	12	13	14	15
Anzeige	g					

11   Ihre Augen schmerzen und Sie suchen einen Arzt.

12   Ein Freund möchte ein Auto kaufen, aber er hat nicht genug Geld für ein neues Auto.

13   Sie möchten in eine neue Wohnung umziehen.

14   Ihre Mitbewohnerin möchte etwas mehr Geld dazu verdienen.

15   Sie sprechen Spanisch und suchen jemanden, mit dem Sie Deutsch üben können.

a

Tandempartner gesucht!
Spanisch/Deutsch
Einmal die Woche Sprachaustausch
Melde dich unter 0171 554 226

b
www.gutwohnen.de

Günstige Immobilien zum Wohnen!
Angebote für Wohnungssuchende. Gute Preise. Gute Wohnungen. Keine Haustiere. Keine Weitervermietung.

c
www.studentenjobs.com

Zeit für einen Nebenjob?
Nebenjobs in ganz Deutschland. Freie Zeiteinteilung. Einstieg ohne Erfahrung möglich.

d
www.schmerzfrei.de

Rückenschmerzen Ade!
Leiden Sie unter Rückenschmerzen? Reservieren Sie sich JETZT einen der heißbegehrten Plätze in unserer Schmerzklinik!

e
www.gebrauchtverkauf.de

Verkaufe Auto: Audi A4 weiß
2013 EZ   250.000 km   170 PS (125 kW)

€ 9.500,-
Preis nicht verhandelbar

f
www.interimmobilien.de

Investieren und weltweit vermieten!
Kaufen Sie Wohnungen weltweit. Unsere Teams vor Ort kümmern sich um die Vermietung und Verwaltung.

g
www.praktika.de

Wir haben das Praktikum für dich!
Praktikumsplätze für Schüler und Studenten. Pflichtpraktika in ganz Deutschland

h
www.augenaufschlag.org

Günstige Wimpernverlängerungen!
Längere und vollere Wimpern!
Ab € 60,-
Online Terminreservierung

Schreiben, Teil 1

Ihre Kollegin Vivien möchte sich für einen Deutschkurs anmelden. Helfen Sie ihr das Datenblatt auszufüllen.

Schreiben Sie die fünf fehlenden Informationen in das Formular. Am Ende übertragen Sie Ihre Lösungen auf den Antwortbogen.

Name: Szabo
Vorname: Vivien

Telefonnummer: 017 4526 2543

wohnhaft in:
Burggasse 98/6
22159 Hamburg

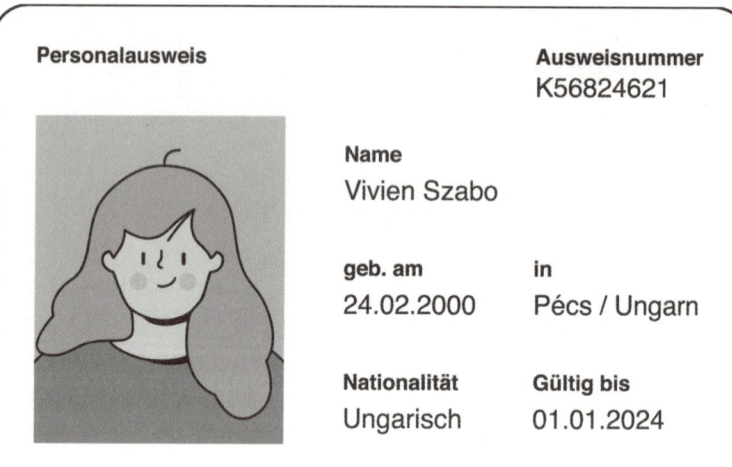

Vivien kommt aus Ungarn. Sie hat als Kind in der Schule etwas Deutsch gelernt, aber sie kann sich kaum mehr erinnern. Sie arbeitet in einem Hotel. Dort übernachten immer viele Deutsche. Deshalb ist sie nach Deutschland gekommen, um etwas Deutsch zu lernen.
Sie wohnt alleine in einer kleinen Wohnung. Ihre zwei Katzen sind in Ungarn bei ihren Eltern. Vivien spricht Ungarisch, Englisch und Deutsch auf A2-Niveau.

Beispiel

0 Vorname: Vivien

www.deutschkurs.de

Familienname	Szabo
Vorname	0. *Vivien*
Straße, Hausnummer	Burggasse 98/6
Wohnort	1. _____
Land	2. _____
Geburtsdatum	24.02.2000
Geburtsort	Pécs
Nationalität	3. _____
Muttersprache	Ungarisch
Fremdsprache	4. _____
Deutschkenntnisse	5. _____
Ausweisart	Personalausweis
Ausweisnummer	K56824621
gültig bis	01.01.2024

Schreiben, Teil 2

Ihr Freund Tayo schreibt Ihnen eine E-Mail. Er muss für die Arbeit in Ihre Heimatstadt fahren. Er fragt Sie, ob er bei Ihnen für ein paar Tage übernachten kann. Antworten Sie in einer E-Mail.

*Hier finden Sie vier Punkte. Wählen Sie **drei** aus. Schreiben Sie zu jedem dieser drei Punkte ein bis zwei Sätze auf den **Antwortbogen.***

*Vergessen Sie nicht den passenden **Anfang** und den **Gruß** am Schluss.*

Schreiben Sie circa 40 Wörter.

Sprechen
ca. 15 Minuten

Dieser Test hat drei Teile.

Sprechen Sie bitte mit Ihrem Partner bzw. Ihrer Partnerin.

Teil 1

Sich vorstellen

Name?

Alter?

Land?

Wohnort?

Arbeit?

Sprachen?

Hobby?

Teil 2

Ein Alltagsgespräch führen

Thema: Reise und Urlaub

Teil 2 — Thema: **Reise und Urlaub** **Wohin ...?**	Teil 2 — Thema: **Reise und Urlaub** **Was...?**
Teil 2 — Thema: **Reise und Urlaub** **Wann...?**	Teil 2 — Thema: **Reise und Urlaub** **Mit wem ...?**
Teil 2 — Thema: **Reise und Urlaub** **...?**	Teil 2 — Thema: **Reise und Urlaub** **...?**
Teil 2 — Thema: **Reise und Urlaub** **Wie ...?**	Teil 2 — Thema: **Reise und Urlaub** **... Hotel ...?**

Teil 3

Etwas aushandeln

Sie wollen gemeinsam am Samstagabend etwas trinken gehen. Finden Sie ein passendes Restaurant. Machen Sie Vorschläge.

Teilnehmer/in A

Tapas-Bar in der Innenstadt	Warum? Wie teuer? Wann?
Kneipe neben dem Studentenheim	Warum? Wie teuer? Wann?

Teil 3

Etwas aushandeln

Sie wollen gemeinsam am Samstagabend etwas trinken gehen. Finden Sie ein passendes Restaurant. Machen Sie Vorschläge.

Teilnehmer/in B

Brauhaus mit guten Preisen	Warum? Wie teuer? Wann?
Cocktail-Bar mit gutem Essen	Warum? Wie teuer? Wann?

정답

Modelltest 1

정답 해설 듣기 지문

Hören

1. 52635265
2. drfellner.de
3. Stadtkino
4. 63415532
5. 19.00 Uhr (7.00 Uhr abends)

| 6. b | 7. c | 8. a | 9. c | 10. a |
| 11. i | 12. d | 13. e | 14. b | 15. g |

Lesen

| 1. c | 2. b | 3. a | 4. c | 5. b |

6. richtig
7. falsch
8. richtig
9. falsch
10. falsch

| 11. c | 12. x | 13. f | 14. b | 15. d |

Schreiben

Teil 1

1. Stuttgart
2. 19.11.2001
3. Peking
4. Kellnerin
5. Chinesisch

Teil 2 예시 답안

Liebe Emilia,

vielen Dank für die Einladung. Ich komme gerne. Wo kann ich in München übernachten? Ich kenne mich dort nicht gut aus.
Wer kommt noch? Und was wünschst du dir zum Geburtstag?

Ich freue mich schon!

Liebe Grüße
… (39 Wörter)

Sprechen

Teil 1 예시 답안

Prüfer/in

Herzlich willkommen zur mündlichen Prüfung telc Deutsch A2. Mein Name ist Ute Kull. Das ist mein Kollege Sebastian Bockelmann.
Die Prüfung hat drei Teile. Im ersten Teil sollen Sie sich vorstellen. Ich mache Ihnen das einmal vor. Mein Name ist Ute Kull. Ich komme aus Deutschland. Ich wohne in Kiel. Ich bin Deutschlehrerin von Beruf. Ich mache nicht gerne Sport. Ich spreche Deutsch, Englisch und ein bisschen Italienisch. Meine Hobbys sind lesen und kochen.
Und so können Sie jetzt auch fortfahren. (Teilnehmer/in A), fangen Sie bitte an.

Teilnehmer/in A

Danke. Mein Name ist (Teilnehmer/in A). Ich bin 24 Jahre alt. Ich komme aus Slowenien. Jetzt wohne ich in Wolfsburg. Ich bin Studentin von Beruf. Ich spreche Slowenisch, Romänisch, ein bisschen Deutsch und ein wenig Spanisch. Ich mache gerne Sport und meine Hobbys sind tanzen und zeichnen.

Prüfer/in

Oh, interessant! Vielen Dank! (Teilnehmer/in B), möchten Sie weitermachen.

Teilnehmer/in B

Mein Name ist (Teilnehmer/in B). Ich bin 25 Jahre alt. Ich komme aus Albanien. Ich wohne in Mainz. Ich bin Ärztin von Beruf. Ich mache viel Sport. Ich spreche Albanisch, Englisch und ein bisschen Deutsch. Meine Hobbys sind schwimmen und laufen.

Prüfer/in

Sie sind Ärztin von Beruf? Möchten Sie in ihrem Beruf auch hier in Deutschland arbeiten?

Teilnehmer/in B

Im Moment kann ich noch nicht genug Deutsch. Aber später kann ich es vielleicht machen. Ich hoffe, ich kann bald arbeiten.

Prüfer/in

Wie lange lernen Sie schon Deutsch?

Teilnehmer/in B

Ich lerne schon ein Jahr lang Deutsch.

Prüfer/in

Vielen Dank. (Teilnehmer/in A), Sie haben gesagt, sie sind Studentin. Was studieren Sie?

Teilnehmer/in A

Ich studiere Sozialwissenschaften. Es ist mein letztes Jahr, dann bin ich fertig mit meinem Bachelor.

Prüfer/in

Danke schön. Das war der erste Teil.

Teil 2 예시 답안

Prüfer/in

Wir machen nun weiter mit dem zweiten Teil. Hier sollen Sie sich gegenseitig Fragen zum Thema Wohnen stellen. Helfen können Ihnen dabei diese Fragekärtchen. Ich zeige Ihnen ein Beispiel vor. Hier habe ich das Kärtchen: „Wo…?" Wo Wohnen Sie, (Teilnehmer/in A)?

Teilnehmer/in A

Ich wohne in Wolfsburg.

Prüfer/in

Genau, sehr gut. Sie dürfen sich jetzt jeweils drei Kärtchen aussuchen. Jeweils eines mit einem Fragezeichen und zwei mit Wörtern. So, (Teilnehmer/in B), Sie beginnen. Sie stellen eine Frage. (Teilnehmer/in A) antwortet und dann formuliert (Teilnehmer/in A) eine Frage.

Teilnehmer/in B

Okay. Mit wem wohnst du zusammen?

Teilnehmer/in A

Ich wohne mit meinem Lebenspartner. Wie viel kostet deine Wohnung im Monat?

Teilnehmer/in B

Meine Wohnung kostet 500 Euro im Monat. Wohnst du in einem Haus oder in einer Wohnung?

Teilnehmer/in A

Ich wohne in einer Wohnung. Wie oft putzt du deine Wohnung?

Teilnehmer/in B

Ich putze meine Wohnung einmal in der Woche. Wie lange wohnst du schon in Wolfsburg?

Teilnehmer/in A

Ich wohne schon seit 7 Monaten in Wolfsburg.

Prüfer/in

Sie haben noch eine Frage, (Teilnehmer/in A).

Teilnehmer/in A

Möchtest du umziehen?

Teilnehmer/in B

Nein, mir gefällt meine Wohnung gut.

Prüfer/in

Okay, vielen Dank. Das war der zweite Teil. Sie können mir die Karten wieder zurückgeben.

Teil 3 예시 답안

Prüfer/in

Jetzt kommen wir zum dritten Teil der Prüfung. Hier wollen Sie gemeinsam etwas planen. Und zwar wollen Sie gemeinsam essen gehen. Sie haben aber beide einen anderen Terminkalender. Und jetzt müssen Sie gemeinsam einen passenden Termin finden. (Teilnehmer/in A), Sie können anfangen.

Teilnehmer/in A

Hallo!

Teilnehmer/in B

Hallo, wie geht's?

Teilnehmer/in A

Es geht mir gut, danke. Ich wollte dich fragen, wann wir endlich gemeinsam essen gehen können.

Teilnehmer/in B

Kannst du morgen um 14 Uhr?

Teilnehmer/in A

Nein, da habe ich leider keine Zeit. Ich muss mein Fahrrad abholen. Hast du am Vormittag Zeit?

Teilnehmer/in B

Nein, leider nicht. Ich muss am Vormittag zur Vorsorgeuntersuchung. Danach habe ich Taekwondo. Hast du am Abend Zeit?

Teilnehmer/in A

Ja, ich habe bis 7 Uhr Zeit. Können wir uns um 5 Uhr treffen?

Teilnehmer/in B

Nein, da bin ich noch im Seniorenheim bei meiner Tante. Geht es um 6 Uhr?

Teilnehmer/in A

Ja, aber dann haben wir nur eine Stunde Zeit. Ist das genug?

Teilnehmer/in B

Hmm, nein, ich denke nicht. Vielleicht müssen wir uns an einem anderen Tag treffen. Morgen habe ich zu viel zu tun.

Teilnehmer/in A

Ja, ich auch. Wir können uns nächste Woche treffen, ja?

Teilnehmer/in B

Das ist eine gute Idee. Lass uns nächste Woche noch einmal darüber sprechen.

Teilnehmer/in A

Gut. Bis dann.

Teilnehmer/in B

Bis dann. Tschüss.

Prüfer/in

Vielen Dank. Das war der dritte Teil. Das ist das Ende unserer Prüfung. Das Ergebnis wird Ihnen in wenigen Wochen mitgeteilt.

MEMO

Modelltest 2

정답 해설 듣기 지문

Hören

1. 4.00-6.00 Uhr abends
2. 35542584
3. Theater
4. 558894
5. musterschneider

6. b   7. a   8. b   9. c   10. a
11. i   12. g   13. d   14. e   15. b

Lesen

1. b   2. a   3. b   4. c   5. a

6. falsch
7. falsch
8. falsch
9. richtig
10. richtig

11. a   12. e   13. f   14. x   15. c

Schreiben

Teil 1

1. Spielwaren Maus GmbH
2. DE45 2540 0026 5465 8500 12
3. 174,97
4. 000254
5. Robert Martin

Teil 2 예시 답안

Liebe Emma,

ich gratuliere dir zu deiner Verlobung!
Ich werde mit dem Zug nach Göttingen fahren.
Kannst du mich um 8.00 Uhr abholen?
Wie viel kostet das Hotel? Und kann ich dir etwas aus Berlin mitbringen?

Bis bald!

Liebe Grüße
... (40 Wörter)

Sprechen

Teil 1 예시 답안

Prüfer/in

Hallo, guten Tag. Mein Name ist Matthias Schencking. Das ist meine Kollegin Klara Kadelbach. Wir begrüßen Sie zu der Prüfung telc Deutsch A2.
Diese Prüfung hat drei Teile. Wir beginnen mit Teil 1. Am Anfang wollen wir uns ein bisschen besser kennen lernen und uns kurz vorstellen. Ich gebe Ihnen ein Beispiel: „Mein Name ist Matthias Schencking. Ich bin 34 Jahre alt. Ich lebe in Deutschland und ich komme aus der Schweiz. Ich bin Deutschlehrer von Beruf. Ich spreche Deutsch, Englisch und ein bisschen Französisch. Ich mag gerne Filme und ich sehe jedes Wochenende einen Film.
(Teilnehmer/in A), möchten Sie anfangen?

Teilnehmer/in A

Ja, danke. Mein Name ist (Teilnehmer/in A). Ich bin 35 Jahre alt. Ich komme aus Südkorea. Jetzt wohne ich in Deutschland in Saarbrücken. Ich bin Grundschullehrerin von Beruf. Ich spreche Koreanisch, Englisch und ein bisschen Deutsch. Ich mag keine Filme. Ich sehe lieber Serien.

Prüfer/in

Sie sind Grundschullehrerin von Beruf? Arbeiten Sie auch in Deutschland als Lehrerin?

Teilnehmer/in A

Ja, ich unterrichte Koreanisch für Schüler aus Südkorea.

Prüfer/in

Oh, interessant! Vielen Dank! (Teilnehmer/in B), möchten Sie weitermachen.

Teilnehmer/in B

Mein Name ist (Teilnehmer/in B). Ich bin 27 Jahre alt. Ich wohne seit 3 Monaten in Deutschland. Ich komme aus Chile. Ich bin Programmierer von Beruf. Ich spreche Spanisch, ein bisschen Englisch und ein bisschen Deutsch. Am liebsten mag ich Actionfilme.

Prüfer/in

Ich mag auch gerne Actionfilme. Was ist Ihr Lieblingsfilm?

Teilnehmer/in B

Ich mag Spiderman.

Prüfer/in

Sehr gut. Schauen Sie auch Filme auf Deutsch?

Teilnehmer/in B

Nein, das ist noch zu schwer.

Prüfer/in

Ja, okay. (Teilnehmer/in A), Sie haben gesagt, Sie mögen Serien. Was ist Ihre Lieblingsserie?

Teilnehmer/in A

Ich mag am liebsten koreanische Serien.

Prüfer/in

Danke schön. Das war Teil 1.

Teil 2 예시 답안

Prüfer/in

Wir kommen nun zum zweiten Teil. Sie sollen nun ein kurzes Gespräch miteinander führen. Das Thema ist Heimat. Diese Karten helfen Ihnen. Ziehen Sie bitte je drei Karten, davon jeder von Ihnen bitte eine Jokerkarte mit den Fragezeichen „...?".
Ich gebe Ihnen ein Beispiel: Ich habe die Karte „Wie viel ...?". Ich kann also fragen: „Wie viele Menschen leben in Ihrer Heimatstadt, (Teilnehmer/in A)?"

Teilnehmer/in A

In meiner Heimatstadt leben etwa 20.000 Menschen.

Prüfer/in

Sehr gut. Möchten Sie bitte anfangen (Teilnehmer/in B)?

Teilnehmer/in B

Okay. Wo ist deine Heimat?

Teilnehmer/in A

Meine Heimat ist in Asien, in Südkorea. Was isst man in deiner Heimat?

Teilnehmer/in B

In Chile isst man viel Fleisch und trinkt Kaffee mit Birnen. Was ist typisch für deine Heimat?

Teilnehmer/in A

In meiner Heimat trinkt man Kaffee mit Eiswürfeln. Das ist typisch für Korea. Wann gehst du in deine Heimat zurück?

Teilnehmer/in B

Ich weiß es noch nicht. Ich möchte in Deutschland bleiben. Möchtest du in deine Heimat zurück?

Teilnehmer/in A

Nein, noch nicht. Ich möchte noch etwas in Deutschland bleiben. Wie ist das Wetter in deiner Heimat?

Teilnehmer/in B

Es ist sehr warm.

Prüfer/in

Okay, vielen Dank. Das war der zweite Teil. Sie können mir die Karten wieder zurückgeben.

Teil 3 예시 답안

Prüfer/in

Wir kommen nun zu Teil 3. Hier wollen Sie gemeinsam etwas planen. Sie wollen zusammen für Ihren Freund etwas backen. Sie haben unterschiedliche Informationen über Ihren Freund. Machen Sie Vorschläge und einigen Sie sich auf etwas. (Teilnehmer/in A), Sie können anfangen.

Teilnehmer/in A

Hallo! Ich wollte dich fragen, was wir für Markus backen sollen.

Teilnehmer/in B

Hm, ich weiß nicht. Eine Schokotorte ist lecker. Markus mag Schokolade.

Teilnehmer/in A

Oh, ja! Das klingt gut. Aber eine Schokotorte ist sehr schwierig zu backen. Vielleicht sind Schokomuffins besser.

Teilnehmer/in B

Wir können auch Blaubeermuffins machen. Ich weiß, dass Markus Blaubeeren mag. Was hältst du davon?

Teilnehmer/in A

Ja, das ist eine gute Idee. Können wir bei dir zuhause backen?

Teilnehmer/in B

Nein, bei mir zuhause geht es leider nicht. Können wir bei dir backen?

Teilnehmer/in A

Nein, ich habe keinen Ofen. Vielleicht können wir etwas kaufen.

Teilnehmer/in B

Ja, vielleicht ist das besser. Markus mag auch Kaffee. Ich kenne Café mit einer guten Kaffeecreme-Torte. Sollen wir sie kaufen?

Teilnehmer/in A

Nein, Markus mag keine Creme. Wir können Blaubeermuffins kaufen.

Teilnehmer/in B

Das ist eine gute Idee. Lass uns morgen Blaubeermuffins kaufen gehen.

Teilnehmer/in A

Gut. Bis dann.

Teilnehmer/in B

Bis dann. Tschüss.

Prüfer/in

Das war Teil 3. Damit ist die Prüfung zu Ende. Herzlichen Dank. Das Ergebnis wird Ihnen in wenigen Wochen mitgeteilt.

MEMO

Modelltest 3

정답 해설 듣기 지문

Hören

1. 12 Uhr
2. 10-17 Uhr
3. bestellung
4. Italiener (Valentin)
5. Ausweis

6. a 7. c 8. b 9. c 10. a
11. c 12. e 13. h 14. f 15. g

Lesen

1. a 2. c 3. a 4. b 5. b

6. richtig
7. richtig
8. falsch
9. richtig
10. falsch

11. x 12. e 13. b 14. c 15. a

Schreiben

Teil 1

1. Hamburg
2. Deutschland
3. ungarisch
4. Englisch und Deutsch
5. A2

Teil 2 예시 답안

Hallo Tayo,

ja, klar kannst du bei mir übernachten! Wann kommst du an?
Leider habe ich nur ein Sofa für dich. Ist das okay? Was isst du gerne zum Frühstück? Ich muss noch einkaufen.

Bis bald!

Liebe Grüße
... (38 Wörter)

Sprechen

Teil 1 예시 답안

Prüfer/in

Mein Name ist Judith Rentschler. Das ist mein Kollege Ingo Drescher. Wir begrüßen Sie zur Prüfung telc Deutsch A2. Diese Prüfung hat drei Teile. Wir beginnen mit Teil 1.
Ich mache Ihnen das einmal vor. Mein Name ist Judith Rentschler. Ich bin 53 Jahre alt. Ich komme aus Deutschland und ich wohne in Gelsenkirchen. Ich bin Deutschlehrerin von Beruf. Ich spreche Deutsch, Englisch und ein bisschen Niederländisch. Meine Hobbys sind stricken und backen.
(Teilnehmer/in A), fangen Sie bitte an.

Teilnehmer/in A

Danke. Mein Name ist (Teilnehmer/in A). Ich bin 21 Jahre alt. Ich komme aus Großbritannien. Jetzt wohne ich in Gelsenkirchen. Ich bin Studentin von Beruf. Ich spreche Englisch und ein bisschen Deutsch. Ich mache gerne Sport und meine Hobbys sind Boxen und Radfahren.

Prüfer/in

Oh, gefährlich! Vielen Dank! (Teilnehmer/in B), möchten Sie weitermachen.

Teilnehmer/in B

Mein Name ist (Teilnehmer/in B). Ich bin 25 Jahre alt. Ich komme aus Estland. Ich wohne auch in Gelsenkirchen. Ich bin Übersetzerin von Beruf. Ich spreche Estnisch, Englisch, ein wenig Finnisch und ein bisschen Deutsch. Meine Hobbys sind essen und schlafen.

Prüfer/in

Welche Sprachen übersetzen Sie denn?

Teilnehmer/in B

Ich übersetze Estnisch und Englisch. Später möchte ich auch Deutsch übersetzen.

Prüfer/in

Wie lange lernen Sie schon Deutsch?

Teilnehmer/in B

Ich lerne seit 5 Monaten Deutsch.

Prüfer/in

Oh, sehr gut. (Teilnehmer/in A), Sie haben gesagt, Sie boxen gerne. Wie lange lernen Sie schon Boxen?

Teilnehmer/in A

Ich lerne seit 3 Jahren Boxen.

Prüfer/in

Wow! Sind Sie gut?

Teilnehmer/in A

Ja, ich denke, ich bin gut.

Prüfer/in

Danke schön. Das war der erste Teil.

Teil 2 예시 답안

Prüfer/in

Wir machen nun weiter mit dem zweiten Teil. Hier sollen Sie sich gegenseitig Fragen zum Thema Reise und Urlaub stellen. Helfen können Ihnen dabei diese Fragekarten. Ich zeige Ihnen mal ein Beispiel vor. Hier habe ich das Kärtchen: „Wohin…?"
Wohin fahren Sie in den Urlaub, (Teilnehmer/in A)?

Teilnehmer/in A

Ich möchte nach Griechenland fahren.

Prüfer/in

Sehr gut. So funktioniert das. Sie dürfen sich jetzt jeweils drei Kärtchen aussuchen. Jeweils eines mit einem Fragezeichen und zwei mit Wörtern. (Teilnehmer/in B), möchten Sie beginnen?

Teilnehmer/in B

Okay. Was nimmst du mit in den Urlaub?

Teilnehmer/in A

Ich nehme Sonnencreme und eine Sonnenbrille mit. Mit wem fährst du in den Urlaub?

Teilnehmer/in B

Ich fahre mit meiner Familie in den Urlaub. Wann fährst du in den Urlaub?

Teilnehmer/in A

Ich weiß es noch nicht, vielleicht im Juli. Schläfst du im Urlaub in einem Hotel?

Teilnehmer/in B

Ja, im Urlaub schlafe ich in einem Hotel. Wie fährst du in den Urlaub?

Teilnehmer/in A

Ich fliege mit dem Flugzeug. Was isst du im Urlaub?

Teilnehmer/in B
Ich esse ganz viel leckeres Essen und viel Eis.

Prüfer/in
Vielen Dank. Das war der zweite Teil.

Teil 3 예시 답안

Prüfer/in
Wir kommen nun zu Teil 3. Hier wollen Sie gemeinsam etwas planen.
Und zwar wollen Sie gemeinsam etwas trinken gehen, aber Sie wissen nicht wohin. Machen sie Vorschläge und geben Sie Gründe an. (Teilnehmer/in A), Sie können anfangen.

Teilnehmer/in A
Hallo! Wohin wollen wir gehen?

Teilnehmer/in B
Hallo, wie geht's? Ich möchte in das Brauhaus gehen.

Teilnehmer/in A
Warum möchtest du in das Brauhaus gehen?

Teilnehmer/in B
Das Brauhaus hat gute Preise und ist immer offen.

Teilnehmer/in A
Ich möchte lieber in die Tapas-Bar in der Innenstadt gehen. Dort ist das Essen auch lecker.

Teilnehmer/in B
Dort ist es zu teuer. In der Cocktailbar gibt es auch gutes Essen. Dort ist es auch billiger. Was denkst du?

Teilnehmer/in A
Ja, das ist eine gute Idee, aber noch billiger ist die Kneipe neben dem Studentenheim. Dort ist das Essen zwar nicht gut, aber es ist billig.

Teilnehmer/in B
Dorthin gehen wir sehr oft. Ich möchte lieber woanders hingehen. Im Brauhaus gibt es billiges Bier.

Teilnehmer/in A
Ja, okay. Dann gehen wir ins Brauhaus. Um wieviel Uhr treffen wir uns?

Teilnehmer/in B
Treffen wir uns um 7 Uhr?

Teilnehmer/in A
Okay, das ist gut. Also, um 7 Uhr am Abend beim Brauhaus?

Teilnehmer/in B
Ja, das klingt gut.

Teilnehmer/in A
Gut. Bis dann.

Teilnehmer/in B
Bis dann. Tschüss.

Prüfer/in
Vielen Dank. Das war der dritte Teil. Das ist das Ende unserer Prüfung. Das Ergebnis wird Ihnen in wenigen Wochen mitgeteilt.